# TRAUMJOB PAPA?!

Anton Hofmann

## Die lustige PAPA BABY BUCKET LIST

für das erste Lebensjahr

Mit Abenteuer-Pass für 12 aufregende Monate

Traumjob Papa?!


Herausgeber: RBM Publishing
Autor: Anton Hofmann
Umschlaggestaltung und Buchsatz:
Daniela Patricia Brenner von deincoverdesign.de
Lektorat: Janna Block

ISBN:
978-3-903505-14-8 (Ebook)
978-3-903505-15-5 (Taschenbuch)
978-3-903505-16-2 (Hardcover)

# Inhaltsverzeichnis

# Einleitung

Menschen, die selbst keine Kinder haben, sind zu bemitleiden (auch wenn du diese Aussage gelegentlich infrage stellen wirst). Kinder zu haben, ist schön. Schlafende Kinder zum Beispiel sind etwas Wunderbares. Ich könnte sie stundenlang betrachten. Engelsgleich sind sie, die kleinen Gesichter mit den Stupsnasen, eng an das Lieblingskuscheltier geschmiegt. (Welches übrigens auf keinen Fall jemals irgendwo vergessen werden sollte. Du wirst mitten in der Nacht von Hamburg nach München fahren, nur um dieses eine Utensil zu holen. Aber das ist gut für dein Gedächtnis, denn das passiert dir nämlich nur einmal.) Vater sein ist, genau wie Mutter sein, kein Teilzeitjob, sondern ein schlecht bezahlter 24-Stunden-Job, einschließlich sämtlicher Nacht- und Wochenendschichten. Zweifel darüber, ob die Familiengründung wirklich eine gute Idee war, bleiben dabei nicht aus, genauso wie ab und an auftauchender Neid auf die durchzechten Nächte von Nicht-Vätern, die dir von ihrer neuesten Eroberung erzählen.

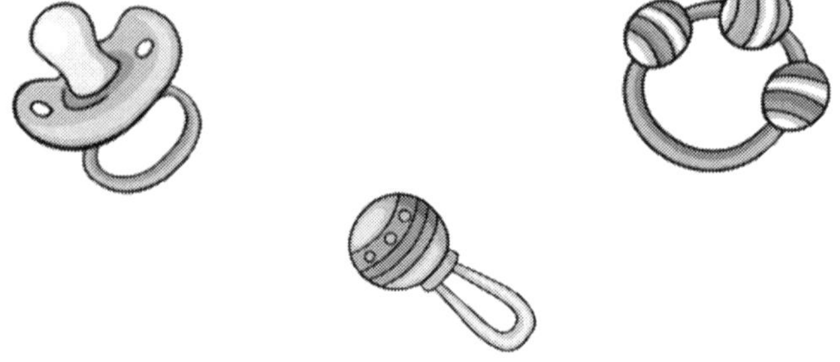

Die gute Nachricht: Du gibst nicht nur viel, sondern du bekommst auch viel zurück. Die Liebe zu deinem Kind ist ein völlig neues Gefühl. Du wirst nicht nur über deren Intensität überrascht sein, sondern dich dadurch auch bereichert fühlen.

Das erste Lebensjahr deines Babys ist zweifellos anstrengend – für alle Beteiligten. Und dennoch handelt es sich um ein großartiges Abenteuer, die rasante Entwicklung eines hilflosen Säuglings hin zu einem quirligen und neugierigen Kleinkind miterleben zu dürfen. Neben den zahlreichen Herausforderungen liegen viele zauberhafte und wahrlich „wunder-volle“ Momente vor dir – von welchen du ein unverzichtbarer Teil bist.

Da auch unvergessliche Momente im Laufe eines langen Lebens in Vergessenheit geraten, findest du in diesem Buch nicht nur Tipps und Ideen zu den wichtigsten Entwicklungsphasen, sondern auch die Möglichkeit zum Festhalten deiner Erfahrungen und Erlebnisse. Kleine, leicht zu erfüllende Aufgaben können dir helfen, persönliche Durststrecken besser zu überstehen sowie dir und deinem Nachwuchs später als Rückblick und Erzählstoff dienen. Keine Sorgen, du musst nicht Indiana Jones dazu sein, wir haben es dir so einfach wie möglich gemacht.

Die Entwicklungsschritte eines jeden Kindes verlaufen individuell, weshalb es sein kann, dass sie nicht genau mit dem Zeitplan in deinem Abenteuerpass übereinstimmen. Trotzdem handelt es sich bei den genannten Situationen und Erfahrungen um Ereignisse, um die kaum ein Elternpaar herumkommt.

Verwende die Erinnerungen an das erste aufregende Jahr deines Babys und deine Rolle darin als Aufmunterung, das Richtige getan zu haben, auch wenn du (mal wieder) an die Grenzen deiner Belastbarkeit kommst.

## Deine Situation

Beginnen wir am Anfang. Als engagierter Papa weißt du vermutlich, dass dein Kind ab etwa dem siebten Lebensmonat deine Stimme hören kann. Selbstverständlich warst du auch mit bei der Geburtsvorbereitung, dem sogenannten „Hechelkurs“. Du bist also bestens vorbereitet. Du hast auch etwas an Gewicht zugelegt, zwar nicht so viel wie die Mama, aber bei ihr kommt ja auch noch das Gewicht des Babys hinzu. Der Geburtstermin ist errechnet, und du und deine Partnerin sind voller Vorfreude. Die letzte Untersuchung beim Gynäkologen, welche auch noch gar nicht so lange zurückliegt, hat bestätigt, dass alles in Ordnung ist. In Kürze wird sich alles ändern, aber noch ist Zeit, und ihr beide genießt eure letzten Tage zu zweit.

## Deine Vorstellung

Der berechnete Geburtstermin ist ein Samstag, was ein wenig unpraktisch ist, da du unter Umständen nicht das Fußballspiel deiner Lieblingsmannschaft ansehen kannst, aber, nun ja, es gibt Schlimmeres. Dafür hast du an diesem Tag frei und kannst dich in Ruhe mit der werdenden Mama auf die Geburt deines Kindes vorbereiten. Natürlich weißt du, dass nur etwa 4 % bis 5 % der Kinder weltweit am errechneten Geburtstermin zur Welt kommen, aber immerhin besteht die Chance, dass dein Kleines dazugehört. Und wenn es ein paar Stunden länger dauert, macht das auch nichts. Der Sonntag ist ebenfalls kein schlechter Tag.

## Die harte Realität

Es ist Montagvormittag (oder Dienstag, oder Mittwoch, oder…). Du befindest dich gerade mitten in einer Besprechung, und zwar einer von denen, die nicht ersatzlos gestrichen werden könnten, sondern ausnahmsweise wichtig ist. Eine weitreichende firmeninterne Entscheidung steht an. Du konzentrierst dich auf das, was dein Vorgesetzter gerade in die Runde mitteilt. Oder, noch besser, du bist derjenige, der gerade eine bedeutsame Information der Runde mitteilt und die Konsequenzen daraus den anwesenden Mitarbeitern schmackhaft machen soll. Mitten hinein klingelt dein Handy und deine Partnerin teilt dir mit, dass gerade ihre Fruchtblase geplatzt ist und sie auf dem Weg ins Krankenhaus ist. Und das, obwohl du im Moment auf keinen Fall wegkannst. Ich hoffe, du hast ein gutes Deo dabei.

## Deine Motivation

Herzlichen Glückwunsch! Du hast gerade die erste wichtige Lektion gelernt: Babys halten sich nicht an Pläne. Aber Abenteuer beginnen da, wo Pläne enden. Irgendeinen Weg gibt es immer, und du wirst ihn auch finden. Sieh es positiv. Auch wenn die Situation für dich alles andere als angenehm ist: Du möchtest jetzt bestimmt nicht in der Haut deiner Partnerin stecken.

## Deine Aktion

Der berechnete Geburtstermin ist ein Samstag, was ein wenig unpraktisch ist, da du unter Umständen nicht das Fußballspiel deiner Lieblingsmannschaft ansehen kannst, aber, nun ja, es gibt Schlimmeres. Dafür hast du an diesem Tag frei und kannst dich in Ruhe mit der werdenden Mama auf die Geburt deines Kindes vorbereiten. Natürlich weißt du, dass nur etwa 4 % bis 5 % der Kinder weltweit am errechneten Geburtstermin zur Welt kommen, aber immerhin besteht die Chance, dass dein Kleines dazugehört. Und wenn es ein paar Stunden länger dauert, macht das auch nichts. Der Sonntag ist ebenfalls kein schlechter Tag.

## Highlight des Tages

## Der erste Monat

### Deine Situation

Am Anfang war noch alles gut. Mama und das Baby waren in der Klinik, und wenn du zu Besuch kamst, lag das Neugeborene friedlich da und schlief. Oder trank. Auf jeden Fall war es friedlich. Wenn nicht, war meistens die Hebamme oder eine Schwester zur Stelle, um Hilfe anzubieten. Jetzt ist aber der große Tag gekommen: Du bringst deine Familie nach Hause, und unwillkürlich sitzt du da und denkst: „Und nun?"

### Deine Vorstellung

Natürlich bist du stolz wie Oskar, ausgesprochen motiviert und sicher, dass du das hinbekommen wirst. Haben andere schließlich auch geschafft. Als Vorzeigepapa hast du selbstverständlich auch eifrig Erziehungstipps von anderen Papas eingeholt und dich ausführlich durch entsprechende Literatur gewühlt.

### Die harte Realität

Trotz allem Stolz stehst du staunend vor dem Säugling und fragst dich, was du mit so einem Winzling überhaupt anfangen sollst. Ganz im Stillen hast du vielleicht sogar ein wenig Horror vor diesem Alien, der dich zwar anschaut, aber doch nicht richtig sieht.
Dann geht es los: Duschen und sich herrichten wird zum Luxusartikel, denn du bist ständig damit beschäftigt, dein Baby frisch zu machen, es zu wickeln, zu baden, zu pflegen und herumzutragen. Babyspucke ist dein neues Parfüm. Mama ist launisch und gereizt, aber auch deine Hormone sind durcheinander und dir geht es kaum besser. Das Familienleben ist schwieriger als gedacht, das Paarleben praktisch nicht vorhanden. Und der Sex … na, lassen wir das.
Das Internet und die Fernsehkanäle sind voll mit glücklich lächelnden Eltern, die ihr Baby als Krönung ihrer Liebe feiern. Du stellst fest: In der Realität wird jede Form von Romantik ziemlich bald in vollen Windeln und Babyspucke ertränkt.

## Deine Motivation

Vater wird man über Nacht. Und dann auch wieder nicht. Offen wird es kaum ein Mann zugeben, aber viele Väter haben anfangs Schwierigkeiten, mit ihrem Neugeborenen eine enge Bindung einzugehen. Das ändert sich, wenn dein Nachwuchs in der Lage ist, auf dich zu reagieren. Im günstigsten Fall besteht bereits bei der Geburt eine Bindung zwischen Eltern und Kind. Häufig baut diese sich jedoch allmählich auf und festigt sich im Laufe des ersten Lebensjahres. Je mehr du dich mit deinem Säugling beschäftigst, umso eher wird es dich als Bezugsperson anerkennen und umso schneller entdeckst auch du jeden winzigen Fortschritt, so dass du besser mit deinem Baby interagieren kannst. Das Babyjahr, und besonders das Wochenbett, sind eine anstrengende Zeit. Beide Elternteile sind mit der Situation überfordert, was für Zündstoff sorgt. Es dauert ein wenig, bis man in seine neue Rolle hineinwächst – jeden Tag ein bisschen mehr. Mama geht es auch nicht viel anders. Erziehungsratgeber halten eine Menge Tipps bereit, aber jedes Kind und jede Familie sind anders, weshalb man manchmal ein bisschen ausprobieren muss, was funktioniert.

## Deine Aktion

Manche Dinge muss man einfach durchstehen, wie das Wochenbett. Nutze die Zeit, um zu deinem Winzling eine Beziehung aufzubauen. Zwar kannst du den Nachwuchs nicht stillen, aber Körperkontakt herstellen schon. Lasse dir Zeit beim Wickeln, löse seine Reflexe aus, sprich mit ihm, damit er deine Stimme kennenlernt. Streichle seine weiche Haut und genieße den (meistens jedenfalls) köstlichen Babyduft. Ein besonderer Tipp für die erste Nacht zu Hause (oder auch öfter, wenn du möchtest): Lege deinen nackten Säugling (na gut, eine Windel sollte er anhaben) auf deinen nackten Oberkörper und sorge dafür, dass euch beiden nicht kalt ist. Lasse ihn dort schlafen und bringe ihn Mama (nur) zum Stillen. Haut-an-Haut-Kontakt ist nicht nur gut für das sogenannte Bonding, sondern auch wunderschön. Mama bekommt auf diese Weise eine extra Mütze voll Schlaf, und du deine ganz eigene Zeit mit deinem Baby.

## Highlight des Monats

______________________________

______________________________

______________________________

# Der zweite Monat

## Deine Situation

In der TV-Werbung sind Babys meistens zu sehen, wenn sie schlafen. Schlafende Kinder sind etwas Wundervolles. Im zweiten Monat schlafen Babys etwa 14 bis 17 Stunden am Tag. Das ist eine Menge und bedeutet, dass die Wachphase im Prinzip nur sieben bis zehn Stunden beträgt – und das noch nicht einmal am Stück.

## Deine Vorstellung

Natürlich weißt du, dass Babys noch nicht durchschlafen und die ersten Monate anstrengend werden können. Du weißt aber auch, dass der Zustand vorübergeht. Also stellst du dich darauf ein, dass dein Stromverbrauch durch all die guten Tipps wie Waschmaschine, Trockner oder Föhn laufen lassen steigen wird. Du bist außerdem bestens vorbereitet und weißt, wie du deinen Nachwuchs in den Wachphasen beschäftigen kannst (falls nicht: Greiflinge, Rasseln und alles, was knistert, fasziniert es sicher, genauso wie unterschiedliche Stoffe, denn die Rezeptoren für das Fühlen sind schon bei der Geburt vollständig ausgeprägt). Was kann also schon groß schiefgehen?

## Die harte Realität

Du stellst fest, dass zwischen dem theoretischen Wissen und der praktischen Erfahrung kleine, unscheinbare Unterschiede bestehen. Zum ersten Mal verstehst du, warum Schlafentzug als Folter eingesetzt werden kann. Du hast Mitleid mit jedem Zombie, den du jemals in einem Horrorstreifen gesehen hast, denn du fühlst dich selbst wie einer. Und wenn die nette Nachbarin oder die freundliche Frau im Supermarkt fragt: „Schläft es schon durch?", suchst du in Gedanken nach dem nächsten Baum, den du mit ihr dekorieren könntest.

## Deine Motivation

Es gibt Babys, die nach wenigen Wochen durchschlafen (also etwa vier bis fünf Stunden am Stück), aber meine Kinder gehörten leider zur anderen Gattung. Falls es dir genauso geht: Irgendwann kommt trotzdem der Tag, an dem dein Säugling tatsächlich durchschläft, und du fühlst dich am nächsten Morgen, als wäre Ostern und Weihnachten zusammen. Zudem fällt in diesen Zeitraum auch das sogenannte Engelslächeln, dass sich in Kürze zu einem richtigen Lächeln entwickeln wird. Glaube mir, wenn dein Kind dich das erste Mal anlächelt, verzeihst du ihm so manche schlaflose Nacht.

## Deine Aktion

Versuche zu überleben. Schlafe dann, wenn es möglich ist, selbst an ungewöhnlichen Orten oder zu ungewöhnlichen Zeiten. Im Auto (nicht während der Fahrt natürlich, sondern irgendwo auf einem Parkplatz!), in der S-Bahn, in der Mittagspause im Gras, auf der Parkbank oder im leeren Büro. Du musst dazu nicht einmal liegen. Wenn du müde genug bist, und das wirst du sein, schläfst du auch am Schreibtisch, mit dem Kopf auf deinen Unterarmen. Und selbst ein Drei-Minuten-Nap kann ungemein hilfreich sein. Gegen Ende des ersten Jahres klappt das Schlafen in den meisten Nächten schon ganz gut. Selbst, wenn dir das jetzt wie eine Ewigkeit vorkommt – die Zeit vergeht mit Kindern viel schneller, als du denkst. Und spätestens, wenn dein Nachwuchs zur Schule muss, bekommst du ihn morgens kaum noch aus dem Bett.

## Highlight des Monats

## Deine Situation

Dein Säugling befindet sich in der größten Wachstumsphase seines Lebens und hat die ersten Kleidergrößen verbraucht. Die 3-Monats-Koliken (so es die hatte) sollten allmählich verschwinden, und es gibt die ersten Laute von sich. Die Motorik deines Babys nimmt zu und es wird langsam agiler. Es kann das Köpfchen zuverlässig selbst halten. Jetzt beginnt auch die Zeit, in der es möglich ist, spezielle Kurse zu belegen, wie einen Kurs für Babymassage. Du lernst andere Väter und Elternpaare kennen und kannst vielleicht sogar die ersten neuen Freundschaften schließen.

## Deine Vorstellung

Gut, dass das Baby jetzt nicht mehr gar so winzig ist. Du weißt zwar nicht, was die ganzen Ahs, Ohs und Brs, die es von sich gibt, bedeuten sollen, aber du bist davon begeistert. Endlich beginnt das, worauf du dich als Papa am meisten freust: Quatsch machen und herrlich kindisch herumzualbern – und das mit Legitimation. Außerdem kann sich das Baby auch schon selbst beschäftigen. Schließlich habt ihr neben der schicken Krabbeldecke auch einen wunderbaren Spielbogen und eine Menge anderer Spielsachen herumliegen.

## Die harte Realität

Die Zeit mit deinem Säugling kann auch ohne 3-Monats-Koliken herausfordernd sein. Schlafmangel und Übermüdung gehören nach wie vor zu deinem Alltag. Der schöne Spielbogen, den die stolze Oma (oder der stolze Opa) gekauft haben, wird kaum beachtet. Das Baby mag nicht alleine herumliegen, sondern am liebsten den ganzen Tag herumgetragen oder anderweitig bespaßt werden. Und auch, wenn du viel Verständnis und Liebe für deinen Nachwuchs hast, zerrt das häufige Schreien an deinen Nerven.

## Deine Motivation

Nicht zu wissen, warum dein Baby schreit, kann sehr zermürbend sein. Allerdings dauert auch diese Phase nicht ewig. Es kann sich um einen Entwicklungsschub handeln oder darum, dass das Baby einfach seine Stimme entdeckt hat und Spaß am Kreischen findet. Wenn der Schub vollzogen ist, folgt eine entspanntere Phase, in welcher dein Nachwuchs seine neu erlernten Fähigkeiten einüben möchte. Probiere es einmal mit Ohrstöpseln. Sie reduzieren die Lautstärke der kleinen Sirene und damit die Stresssymptome in deinem Körper – das Geschrei des Babys wird leichter erträglich.

## Deine Aktion

Am einfachsten (obwohl es absolut nicht einfach ist) begegnest du dieser Phase mit Geduld. Gib deinem Kind viel Zuwendung und Nähe, damit es ein Gefühl von Sicherheit entwickeln kann. Dein Baby liebt Körperkontakt und mag es, deine Stimme zu hören. Du kannst beides verbinden und gleichzeitig selbst ein bisschen Spaß haben. Wie wäre es damit: Hefte die Tageszeitung mit Tesafilm an die Tür (oder die Wand oder den Kühlschrank) und während du es trägst, liest du ihm laut daraus vor. Dem Baby ist es nämlich grundsätzlich egal, ob du ein Kinderbuch oder die Börsennachrichten vorliest, es versteht den Inhalt ohnehin nicht. Wenn du jetzt noch deine Stimme beim Vorlesen ein wenig variierst und auf die Satzmelodie achtest – voilà! Schon hat Baby Ansprache und du geistigen Input.

## Highlight des Monats

___

___

___

___

# Der vierte Monat

## Deine Situation

Aus dem vollkommen hilflosen Neugeborenen ist ein quirliges Baby geworden. Seine motorische Entwicklung schreitet voran. Es bewegt sich viel, streckt sich am Boden aus, übt das Drehen vom Rücken auf den Bauch und umgekehrt. Es freut sich und lacht, wenn ihm etwas gelingt. Außerdem kann es gezielt nach Spielsachen greifen, allerdings noch nicht wieder loslassen.

## Deine Vorstellung

Dein Kind kann nicht nur nach Dingen greifen, sondern auch kleine Bewegungsabläufe hintereinander ausführen, weshalb du viel mehr Spielmöglichkeiten mit ihm hast. Sein Glucksen und lautes Lachen sind das schönste Geräusch, was du je gehört hast! Außerdem ist es begeistert, wenn du Grimassen schneidest (endlich darfst du dich nach Herzenslust ausleben!). Gespannt wartest du auf das nächste große Erfolgserlebnis: Den ersten Zahn, der meist um den sechsten Monat herum durchbricht, bei manchen Kindern auch schon etwas früher. Üblicherweise handelt es sich dabei um den unteren Schneidzahn. Zumindest dann, wenn deine Blutsverwandtschaft nicht gerade aus Transsylvanien stammt.

## Die harte Realität

Kaum war ein paar Tage Ruhe, schon ist Baby wieder weinerlich, schwer zu beruhigen und schläft schlecht. Es kann zwar auch Glucksen und Lachen, aber der nächste Entwicklungsschub steht an, und damit auch vermehrte Anhänglichkeit und unruhige Nächte. Babys in diesem Alter können bereits Erkältungen und andere Erkrankungen bekommen – Husten, Schnupfen, Durchfall und Fieber sorgen für Schlafstörungen. Zudem sabbert es alles voll und steckt sich alles, aber auch wirklich alles, in den Mund. Das Greifen funktioniert hervorragend – vor allem bei deinen Brusthaaren. .

## Deine Motivation

Manche Babys beginnen in diesem Alter bereits zu zahnen, was sehr schmerzhaft sein kann, obendrein wird der Speichelfluss verstärkt. Du kannst ihm helfen, indem du ihm gekühlte Beißringe oder gekühlte Apfelscheiben anbietest, auf denen es lutschen kann. Das lindert den Schmerz. Genauso gerne wird es deine Finger dafür benutzen. Es steckt jetzt oft auch seine Füße in den Mund und nuckelt daran – eine Aktion, die unbedingt fotografisch festgehalten werden sollte. Wenn es dem Baby gutgeht, ist es ein echter Wonneproppen. Wenn es hochgenommen werden will, streckt es dir seine Ärmchen entgegen – wer kann da schon widerstehen? Es kann dich jetzt auch gezielt anlachen, und freut sich, wenn du abends nach Hause kommst, weil es dich als Bezugsperson anerkannt hat. Du als Papa gehörst fest zu seiner kleinen Welt.

## Deine Aktion

Da dein Baby jetzt nicht mehr so winzig ist und du viel mehr Möglichkeiten hast, mit ihm zu spielen und es zu beschäftigen, kannst Du deiner Partnerin etwas Freiraum verschaffen. Vielleicht ermunterst du sie, einmal die Woche einen Fitness- oder Yogakurs zu besuchen. Nur Mut, du schaffst das schon, und die Unternehmung wird sich positiv auf ihre Laune und euer Eheleben auswirken. Sie wird dankbar für dein Verständnis und deine Tapferkeit sein, und du wirst ihr besser niemals verraten, wie froh du darüber bist, jeden Morgen pünktlich zur Arbeit gehen zu dürfen.

## Highlight des Monats

______________________________

______________________________

______________________________

______________________________

## Der fünfte Monat

### Deine Situation

Dein Säugling zeigt mittlerweile deutliches Interesse an seiner Umgebung und kann seine Gefühle auch mit seiner Mimik kundtun. Zudem probiert es seine Stimme aus. Quietschen und Kreischen sind dabei besonders beliebt. Sein Greifreflex ist verschwunden, und es kann nun ganz bewusst mit beiden Händen nach Gegenständen fassen. Obendrein arbeitet es kräftig daran, mobiler zu werden.

### Deine Vorstellung

Du weißt natürlich, dass du Baby nicht aus den Augen lassen darfst, wenn es auf dem Wickeltisch liegt. Es ist bereits so aktiv, dass dies gefährlich werden könnte. Andererseits hat die Zeit noch nicht begonnen, wo du ihm hinterherlaufen musst, um es vor Schaden zu bewahren, weshalb du dich darauf freust, im Garten, auf der Terrasse oder im Park die Decke auszubreiten und in Ruhe ein Buch zu lesen, während sich dein Kind an den Vögeln am Himmel und den raschelnden Bäumen erfreut.

### Die harte Realität

Selbst wenn dein Kind noch nicht weglaufen kann, solltest du im Freien daran denken, dass die Natur in der Lage ist, zu deinem Nachwuchs zu finden. Dein Baby steckt nach wie vor alles in den Mund, was es zwischen die Finger bekommt, denn die orale Phase ist noch nicht abgeschlossen. Deshalb solltest du dich nicht zu sehr in dein Buch vertiefen und ab und zu nachsehen, ob es wirklich der Schnuller ist, auf dem es so begeistert herumkaut. Möglicherweise handelt es sich um ein Schneckenhaus.

## Deine Motivation

Dein Baby ist auf dem besten Weg, eine eigenständige Persönlichkeit zu werden. Nach wie vor ist die Nähe zu Mama und Papa das Wichtigste, was dein Nachwuchs braucht. Es muss aber jetzt nicht mehr permanent bespaßt werden, was dir etwas Gelegenheit gibt, auch mal ein bisschen abzuschalten. Nach einer kurzen Spielphase hat das Baby gerne eine Ruhepause, um all die neuen Eindrücke zu verarbeiten. Manchen Säuglingen ist es dabei noch wichtig, Mama oder Papa zu sehen. Es kann jedoch in der Babywippe oder im Laufstall liegen, während du duschst oder dich anderweitig beschäftigst und dir in Ruhe zusehen. Die Entwicklung deines Babys ist so rasant, dass es möglicherweise nachts wieder schlechter schläft, weil es so viel verarbeiten muss. Dafür sind deine Glücksmomente beim Beobachten jeder geglückten Baby-Aktion umso größer.

## Deine Aktion

Wie du vermutlich schon festgestellt hast, ist jeder (außer du und deine Partnerin natürlich) ein staatlich geprüfter Erziehungsexperte in Sachen Babys. Zumindest könnte man das glauben, da du gefragt oder ungefragt von allen möglichen Leuten (die es natürlich nur gut meinen) bewertet, kritisiert und mit Ratschlägen überschüttet wirst. So ziemlich jeder hat eine Meinung, Erfahrung oder das Wissen darum, wie es dir und/oder dem Kind besser geht. Pfeif darauf! Höre auf dein Bauchgefühl und mache es auf deine Art. Zwischen vier und sechs Monaten können du und dein Nachwuchs mit dem Babyschwimmen beginnen. Es macht einfach Spaß – dir und dem Kind. Außerdem wird dein Baby anschließend herrlich müde sein. Wenn das keine Motivation ist!

## Highlight des Monats

___

___

___

# Der sechste Monat

## Deine Situation

Zwischen dem vierten und dem sechsten Monat ist es Zeit, mit der Beikost zu beginnen. Es bringt ein paar Vor- und Nachteile mit sich. Der Vorteil ist, dass das Baby und du nicht mehr so abhängig seid von der Mutterbrust, weshalb du dich weniger hilflos fühlst, wenn dein Sprössling weint und Mama nicht in der Nähe ist. Das Equipment, welches zu einem Ausflug mitgeschleppt werden muss, erhöht sich zwangsläufig, aber was soll's. Den kleinen Umstand nimmt man gerne in Kauf.

## Deine Vorstellung

Du freust dich auf das Gesicht deines Babys, wenn es zum ersten Mal etwas anderes probiert als Muttermilch (und lässt dir diesen Augenblick von Mama auch nicht nehmen). Was für eine wundervolle Erfahrung! Seine Augen werden groß und rund und begeistert verlangt es nach mehr, indem es mit seinen süßen Patschhändchen auf das Tischchen schlägt oder versucht, nach dem Löffel zu greifen.  Vielleicht jauchzt es sogar vor Freude.

## Die harte Realität

Dein Baby freut sich und jauchzt und verlangt begeistert nach mehr. Allerdings: das war gestern. Da Papa Hipp und Alete und die WHO es nicht für die allerbeste Idee halten, Säuglinge ausschließlich mit Obst- oder Milchbrei zu ernähren, hast du es heute mal mit Gemüse versucht. Leider ist Baby von den öden Vitaminen deutlich weniger begeistert. Verzweifelt versuchst du alle möglichen Tricks, vom Löffelflieger bis zum Festhalten der Hände, um den Spinat, das Karottenmus oder die Pastinaken in den Magen deines Babys zu bekommen. Der kleine Querulant schafft es dennoch, dass mindestens die Hälfte des Glases auf dem Fußboden, an der Wand und auf deinem Hemd kleben. Die nächste Überraschung erwartet dich bei der nächsten Wickelrunde: Mit dem Umstieg auf normale Kost bekommt der Stuhlgang deines Babys auch einen „normalen“ Geruch.

## Deine Motivation

Es gibt Kinder, die viel essen und solche, die wenig essen. Manche lieben die Beikost, andere würden am liebsten für immer (na vielleicht nicht ganz) gestillt werden. Es dauert etwas, sich an einen neuen Geschmack zu gewöhnen, und Süßes wird einfach besser angenommen, das liegt in unseren Genen. Wenn wir ehrlich sind: Den meisten von uns ist Schokolade auch lieber als eine Karotte.

## Deine Aktion

Etwas Sauerei gehört bei den ersten Essensversuchen dazu, selbst wenn dein Kind die Beikost akzeptiert. Es will neben dem Geschmack auch immer die Konsistenz des Essens erforschen dürfen. Trotzdem kann es sein, dass es einige Sorten nicht akzeptiert. Wichtig ist vor allen Dingen, Druck aus dem Kessel zu nehmen. Wenn dein Baby kein Gemüse mag, dann bedeutet dies nicht, dass das ein Leben lang so bleiben oder dein Kind sich dauerhaft ungesund ernähren wird. Vorlieben ändern sich im Laufe des Lebens. Vielleicht braucht es ein wenig Zeit, um sich an den neuen Geschmack zu gewöhnen. Biete es ihm einfach immer wieder an.

Vielleicht funktioniert dieser Trick: Mische unter das Gemüse ein wenig Obstbrei oder Säuglingsmilch. (Klingt komisch? Also ehrlich: Das Gemüse ist doch ohnehin schon zu einer einzigen Pampe vermischt, da kann etwas Obst darunter kaum noch etwas ausmachen.) Wenn dein Säugling das Essen akzeptiert, kannst du nach und nach das Mischungsverhältnis zugunsten des Gemüses verändern.

## Highlight des Monats

________________________________

________________________________

________________________________

________________________________

## Deine Situation

Das Längenwachstum geht nun nicht mehr so rasant vonstatten, so dass es nicht schon wieder aus seiner Kleidung herausgewachsen ist, bevor der Kassenzettel im Altpapier landen kann. Dein Kind ist mehr mit seiner Motorik und seinen kognitiven Fähigkeiten beschäftigt als mit seinem Wachstum. Es kann mittlerweile sogenannte Basisemotionen, wie Angst, Ärger und Freude ausdrücken, versteht die Bedeutung mancher Worte und kann Freund und Feind (wie deine Schwiegermutter) unterscheiden.

## Deine Vorstellung

Endlich kann dein Baby ausdrücken, was es möchte, und du kannst entsprechend darauf reagieren. Schluss mit dem Rätselraten, ob es Hunger hat, müde oder gelangweilt ist oder die Windel mal wieder gewechselt gehört. Zudem ist das Kind jetzt in der Lage, sich zu freuen, wenn du nach Hause kommst, und belohnt dich mit innigen Umarmungen und feuchten Küsschen.

## Die harte Realität

Es stimmt, dass dein Baby seine Emotionen nun viel besser ausdrücken kann, aber das betrifft leider nicht nur die positiven, sondern auch die weniger erwünschten, wie Ablehnung und Wut. Die neue starke Persönlichkeit deines Babys kann recht anstrengend sein. Es sträubt sich gegen Aktionen, die es nicht mag, wie das Wickeln. Dazu gesellt sich die Angst gegenüber nicht so vertrauten Personen. Gerade die Phase des Fremdelns stellt in Verbindung mit der noch nicht vorhandenen gewünschten Mobilität eine Herausforderung für alle Beteiligten dar. Die Fähigkeit, Ärger auszudrücken, äußert sich in lautstarkem Geschrei und Quengeln, zum Beispiel, weil dein Nachwuchs frustriert ist, da das Krabbeln nicht funktioniert. Es schaukelt auf allen Vieren vor- und rückwärts, versteht aber noch nicht, dass es Arme und Beine dazu heben und sich nach vorne schieben muss. Je nach Temperament kann es deswegen ziemlich wütend werden. Auch das Fremdeln ist je nach Kind unterschiedlich stark ausgeprägt. Manche Kinder sind nur wenig vertrauten Menschen gegenüber ängstlich. Andere wiederum fremdeln auch in der Krabbelgruppe (was für dich sehr nervig werden kann) oder sogar bei Oma und Opa (die keineswegs davon begeistert sind).

## Deine Motivation

Wer etwas erreichen will, ist auch schnell frustriert, wenn es nicht klappt. Frustrationstoleranz kannst du von deinem Säugling noch nicht erwarten. Du hast es vielleicht selbst schon bemerkt: Es sind alles nur Phasen, die du einfach durchstehen musst. Nimm den Zustand einfach an. Früher oder später wird dein Kind krabbeln und auch die Zeit des Fremdelns dauert nicht ewig. Ist der Sprung vollzogen, (manchmal passiert das genau dann, wenn du in deinem größten Tief bist), ist dein Baby wieder ein Stück selbstständiger und auch fröhlicher. Du bist stolz wie Oskar und die gute Phase bricht wieder an.

## Deine Aktion

Akzeptiere die natürlichen Grenzen deines Kindes und zwinge es nicht dazu, sich von Personen anfassen zu lassen, vor denen es im Moment ein wenig Angst hat – selbst, wenn deine Schwiegermutter oder sogar dein eigener Vater darüber verärgert sind. Dein Baby soll darauf vertrauen dürfen, dass du da bist und es beschützt. Von der Sicherheit deiner Arme aus wird es sicher schnell neugierig werden und von sich aus Kontakt aufbauen.
Seine Fähigkeit, Gefühle auszudrücken, kannst du dir nun zunutze machen: indem du es mitnimmst zum Spiegel und mit ihm zusammen Grimassen schneidest. Es erkennt sich noch nicht selbst darin, wird aber trotzdem seinen Spaß dabei haben.  Eines der schönsten Dinge, die ihr zusammen machen könnt, ist lachen. Lachen fördert die soziale Entwicklung und vor allen Dingen werden dadurch Glückshormone ausgeschüttet.

## Highlight des Monats

________________________________________

________________________________________

________________________________________

# Der achte Monat

## Deine Situation

Dein Baby kann inzwischen (einigermaßen) begreifen, wenn es etwas tut, was es nicht tun soll, denn es versteht immer besser den Zusammenhang zwischen einer Handlung und einer Reaktion. Ein spannendes und weitläufiges Gebiet, welches ausführlich erforscht werden muss.

## Deine Vorstellung

Dem Baby gelingt vielleicht schon der Pinzetten- oder Zangengriff, weshalb es gezielt kleinere Dinge greifen kann. Becher auf- oder ineinander stapeln funktioniert schon, zumindest fast. Auf alle Fälle kann es Spielzeug genauer untersuchen, drehen und wenden und es hält Objekte sicher in der Hand.

## Die harte Realität

Es geht aufwärts! Und zwar immer wieder. Mit dem Schnuller, mit dem Löffel, mit der Trinkflasche, mit dem Essen. Dein Nachwuchs hat nämlich gerade entdeckt, dass es Gegenstände nicht nur greifen, sondern auch fallen lassen und sogar mit Schwung herunterwerfen kann. Dazu gehören alle Dinge, die dein Baby auf dem Tisch, im Kinderwagen oder dem Hochstuhl vorfindet, wie Spielsachen, Alltagsgegenstände und – vor allem – das Essen. Dein Baby liebt es, wenn du dich bückst, um all die schönen Sachen aufzuheben, die es immer wieder runterwirft, nur um dir eine Freude zu machen. Stelle dich auf endlose Wiederholungen ein.

## Deine Motivation

Auch wenn es dir manchmal so vorkommt: Dein Kind macht das nicht, um dich zu ärgern. Zum einen entdeckt es die Schwerkraft und erforscht dabei ausgiebig das Gesetz von Ursache und Wirkung. Zum anderen freut es sich, dass die Erwachsenen bei dem lustigen Spiel so schön mitmachen. Sein Forscherdrang verleitet es dazu, auszutesten, wie sich Dinge verhalten (und auch Menschen). Zum Beispiel, ob der Becher beim zwanzigsten Mal genauso klingt, wie beim ersten Mal. Und ob du ihn auch zwanzigmal aufhebst. Es kann sogar passieren, dass dein Nachwuchs es ziemlich spannend findet, wenn du dich ärgerst.

## Deine Aktion

Entweder siehst du das ganze sportlich (je nachdem, was deine Waage so sagt) und machst aus der Marotte deine Babys dein ganz persönliches Fitnesstraining. Sich bücken und Gegenstände aufheben, verbraucht schon einiges an Kalorien. Ganz nebenbei wird damit auch der Greifsinn des Nachwuchses trainiert, also Win-win-Situation.

Die andere Möglichkeit: Du ignorierst die heruntergefallenen Gegenstände und sie bleiben am Boden liegen. Dies könnte zwar zu Protesten seitens deines Nachwuchses führen, aber da müsst ihr beide dann durch.

Du kannst auch alle möglichen Erziehungsratgeber auswendig lernen und nach der richtigen Kommunikation mit deinem Sprössling googeln.

Eine weitere Möglichkeit: Du bleibst (so) gelassen (wie möglich) und wartest einfach ab. Die schlechte Nachricht: Die Phase kann einige Wochen lang anhalten. Die gute Nachricht: Es wird wieder aufhören. Versprochen.

## Highlight des Monats

______________________________

______________________________

______________________________

## Deine Situation

Dein Baby hat einen ungeheuren Bewegungs- und Entdeckerdrang. Es will die Welt erforschen, und es kann ihm dabei gar nicht schnell genug gehen. Vielleicht krabbelt es dir hinterher, wenn du den Raum verlässt (auch auf die Toilette – Privatsphäre, ade). Es kann jedoch auch sein, dass es sich lieber zur nächsten Schublade aufmacht und diese nach Herzenslust ausräumt. Immer wieder. Jeden Tag. Dinge, auch Haushalts-gegenstände, mit denen es Geräusche machen kann, findet es ganz besonders spannend. Wenn es also einen Löffel oder Kochlöffel in die Finger bekommt, dann solltest du die Tür zum Fach mit den Töpfen besser gut verschlossen halten. Es sei denn, du wolltest schon immer mal wissen, wie sich ein Tinnitus so anfühlt.

## Deine Vorstellung

Dein Baby liebt es außerdem, dich als „Kletterturm“ zu benutzen und befühlt ausführlich dein Gesicht: Augen, Nase und Mund. Wenn du spielerisch mit den Lippen nach seinem Finger schnappst, lacht es. Eines seiner Lieblingsspiel ist das „Kuckuck“-Spiel, von dem es nicht genug bekommen kann. Du von seiner Freude darüber übrigens auch nicht. Es ist aber nicht nur damit beschäftigt, seinen Entdeckungsraum zu vergrößern, sondern probiert auch gerne neue Nahrungsmittel aus. Zum Beispiel Fingerfood, die du liebevoll für deinen Nachwuchs zubereitest.

## Die harte Realität

Dein Baby ist schneller irgendwo, als du gucken kannst. Vorzugsweise da, wo es eigentlich nicht sein sollte. Vielleicht kann es noch nicht richtig krabbeln, aber rollen, robben und rutschen zählen ebenfalls. Wichtig für deinen Nachwuchs ist lediglich, dass es auf irgendeine Art und Weise von A nach B gelangt und diese Methode wird dann perfektioniert. Damit wird dein Haushalt potenziell gefährlich, denn dein Nachwuchs ist in selbstmörderischer Mission unterwegs. Es steckt obendrein nach wie vor alles, was es findet, in den Mund. Also höchste Zeit, verschluckbare Kleinteile aus dem Weg und das Katzenklo woanders hinzuräumen. Am besten auf den Schrank. Sein Essverhalten ist ebenfalls nicht so, wie du dir das vorgestellt hast. Anstatt artig im Hochstuhl zu sitzen und deinem Vorbild bei der Nahrungsaufnahme zu folgen, matscht es mit den Lebensmitteln und veranstaltet regelmäßig eine Riesensauerei.

## Deine Motivation

Der altbekannte Satz: „Mit dem Essen spielt man nicht", trifft noch nicht auf so kleine Kinder zu. Babys müssen ihre Umwelt mit allen Sinnen erfahren dürfen, auch die Nahrung. Es stellt dadurch nicht nur positive Assoziationen zum Essen her, sondern lernt etwas enorm Wichtiges: Spaß zu haben. Das Gleiche gilt für eure Räumlichkeiten. Wichtig ist lediglich, dass sie kindersicher sind, nicht aufgeräumt. Ein Haushalt mit einem Baby im ersten Lebensjahr muss (und sollte) nicht wie aus dem Ei gepellt sein. Herumliegendes Spielzeug, aus Schubladen geräumte Tupperboxen oder in kleine Schnipsel zerrissene Zeitungen, zeugen von einem glücklichen Kind. Jeder, der sich an dem Chaos stört, gehört bemitleidet und nicht ernst genommen.

## Deine Aktion

Lachen ist gesund. Gemeinsames Lachen stärkt eure Bindung und ist gut für die emotionale Intelligenz deines Babys (und deine eigene). Fördere sein Lachen und spiele mit ihm Kuckuck und Verstecken. Lasse es die alte Motorradzeitung zerreißen, die brauchst du ohnehin nicht mehr. Nimm das Gematsche beim Essen mit Humor. Vielleicht spielst du einfach mit und machst mit ihm gemeinsam eine Riesensauerei mit den Spaghetti, die sich so herrlich um den Finger wickeln lassen und überall kleben bleiben (am besten dann, wenn Mama beim Friseur ist oder irgendwo anders, von wo sie gut gelaunt wieder nach Hause kommt).

## Highlight des Monats

________________________________________

________________________________________

________________________________________

________________________________________

# Der zehnte Monat

## Deine Situation

Zwischen dem zehnten und dem vierzehnten Monat beginnt dein Baby zu laufen. Etwa in den gleichen Zeitraum fällt auch das erste Wort deines Kindes. Ob dein Nachwuchs nun eher krabbelt, als brabbelt, hängt mit dem Charakter und dem Temperament deines Sprösslings zusammen. Die meisten Kinder in diesem Alter sind in der Lage, sich an Möbelstücken hochzuziehen und um den Wohnzimmertisch herumzulaufen. Wann es den ersten selbstständigen Schritt tut, ist unter anderem eine Frage des Muts.

## Deine Vorstellung

Voller Vorfreude wartest du auf den ersten Schritt. Babys wachsende Mobilität ist für dich ein Grund zum Jubeln. Endlich kannst du ausgelassen mit dem Nachwuchs herumtoben. Auch ein Ende des körperlich anstrengenden Herumtragens ist in Sicht. Licht am Ende des Tunnels!

## Die harte Realität

Mache dir nichts vor: Du wirst dein Kind noch eine sehr lange Zeit herumtragen, selbst wenn und obwohl es schon laufen kann. Außerdem wirst du feststellen, dass Verstecken, Fangen, Flieger spielen und Hochwerfen vom Nachwuchs – alles Dinge, die du jetzt schon prima mit ihm machen kannst – mindestens genauso anstrengend sind, wie das stundenlange Tragen früher. Eine Tobestunde mit Kind gleicht einem Ganzkörper-Workout. Und ganz sicher bist du früher erschöpft als dein Sprössling.

## Deine Motivation

Deine Partnerin hat vielleicht Bedenken bei euren Turnereien, aber nimm es ihr nicht übel. Müttern kommt generell die eher behütende und ermahnende Rolle zu, das ist nicht sexistisch gemeint, sondern liegt in ihrer Natur. Männer sind in ihrem inneren Wesen einfach immer noch eher Kind. Insofern ist alles praktisch und gut geregelt. Du bist als Entertainer enorm wichtig für dein Baby.

## Deine Aktion

Wenn dein Kind noch keine Anstalten macht, seine ersten Schritte zu tun, ist das kein Problem. Und wenn es dich insgeheim ein kleines bisschen ärgert, wenn dein Freund oder der Nachbar mit den Fortschritten seines Babys protzt – cool bleiben. Halte dir vor Augen, dass die Entwicklung eines Kindes kein Wettbewerb ist. Sieh es positiv: Babys, die sehr früh zu laufen beginnen, fallen noch oft auf ihren Hosenboden. Dies bleibt denen, die sich dafür Zeit lassen, erspart. Und außerdem läuft dir dein Kind noch früh genug davon.

Hoppe Reiter, kitzeln, fangen, verstecken, selbst ein bisschen Raufen – für all das liebt dich dein Nun-Fast-Kein-Baby-Mehr abgöttisch. Nimm es ihm nicht krumm, wenn es weinend zu Mami zum Trösten läuft, weil es sich bei euren Tobereien gestoßen hat. Dein Kind will und braucht den Tobe-Papa trotzdem. Jahre später werden eure körperlichen Spiele zu seinen besten Kindheitserinnerungen gehören.

## Highlight des Monats

# Der elfte Monat

## Deine Situation

Langsam geht es so richtig los mit dem Spaß.
Dein Baby kann nicken, winken, klatschen und auf Gegenstände zeigen. Es genießt die Interaktion mit dir und wird auch zunehmend sozialer. Wörter wie „Tschüss“ oder „oben“ werden verstanden, besonders, wenn sie durch Gesten unterstützt werden. Das Baby befindet sich nun in der sogenannten dritten Lallphase.

## Deine Vorstellung

Dein Baby liegt neben dir im Bett oder auf dem Sofa und brabbelt vor sich hin. Und dann hörst du es, das erste Wort, auf welches du seit seiner Geburt sehnsüchtig wartest. Du bist sicher, Baby hat gerade „Papa“ gesagt. Ganz deutlich hast du zwischen dem üblichen „mamama“ und „bababa“ dieses eine, wichtige Wort herausgehört.

## Die harte Realität

Die Sprache deines Babys ist ausdrucksvoll und ähnelt deiner eigenen Sprache, aber es bildet noch keine „richtigen“ Wörter. Üblicherweise wird es noch ein paar Wochen dauern, bis dein Nachwuchs „Mama“ oder „Papa“ sagt. Noch eine Enttäuschung: Das häufigste erste Wort, und zwar international, ist nicht Papa, sondern Mama. Außerdem darfst du dich darauf freuen, dass es schon ein paar Wochen später das Wort „nein“ sagen kann. Und auch ausgiebig dir gegenüber benützen wird.

## Deine Motivation

Dein Baby erkennt nicht nur, wenn es angesprochen wird, sondern babbelt zurück. Zudem erwartet es inzwischen sogar eine Antwort. Es liebt Lieder und Reime, und obwohl es dir auch Spaß macht, zwischendrin „Das ist der Daumen, der schüttelt die Pflaumen …" zu rezitieren, fürchtest du, dass dein Gehirn auf die Dauer dabei langsam Schaden nimmt. Wissenschaftlich ist es jedoch erwiesen, dass Kinder Wörter umso besser erlernen, wenn diese in Reime, Melodien und Rhythmus eingebettet sind.

Pfeife hin und wieder auf all die Ratgeber und höre auf dein Bauchgefühl. Selbstverständlich sollst und darfst du dein Kind nach Herzenslust frühfördern. Aber nicht nur. Bei all der pädagogisch wertvollen Erziehungsarbeit sollte der Spaß nicht zu kurz kommen. Das Leben will gelebt und nicht nur mit den bestmöglichen Ergebnissen durchlaufen werden. Wenn du keine Lust auf „Summ summ summ, Bienchen summ herum" hast, dann singe ihm „Thriller" von Michael Jackson vor. Den Text findest du im Internet.

## Deine Aktion

Endlich kannst du mit jemandem hemmungslos über das derzeitige politische Geschehen reden. So einen geduldigen Zuhörer hast du doch sonst praktisch nie. Und meistens ist er auch deiner Meinung. Zumindest deutest du das „dadada" so. Als Regel solltest du beherzigen, dass du das Baby dabei ansiehst, damit es eine Interaktion wird. Und dass du, trotz allen Eifers, deinen Gesichtsausdruck entspannt lässt. Schließlich willst du deinen Nachwuchs nicht ängstigen. Wenn du deinem Baby noch nicht so viel Ernst des Lebens zumuten willst, obwohl es davon ohnehin noch nichts versteht, dann erzählst du ihm eben, wie toll du das neue Playboy-Model des Monats findest. Das darfst du sonst auch nicht ungestraft. Oder ihr lästert zusammen über die doofe Nachbarin. Ganz, wie du willst. Und schon habt ihr beide eine Menge Spaß. Achtung: Um ein Wort wiederholen zu können, muss ein Kind dieses etwa fünfhundertmal hören. Wenn dein Nachwuchs also „Playboy" anstatt „Papa" zuerst sagt, hast du es ein wenig übertrieben.

## Highlight des Monats

______________________________

# Geschafft! Dein Baby ist ein Jahr alt!

## Deine Situation

Kaum zu fassen, wie sehr die Zeit vergeht. Gerade erst hast du deinen Nachwuchs zum ersten Mal auf dem Arm gehalten, nun ist er schon so weit, dass er bald auf eigenen Beinen die Welt erkundet.

## Deine Vorstellung

Mehr als einmal hast du den Moment herbeigesehnt, in dem dein Nachwuchs keinen 24-Stunden-Entertainer mehr benötigt und endlich mit ein paar Worten seine Wünsche und Bedürfnisse kundgeben kann. Außerdem möchtest du mit ihm endlich all die Dinge unternehmen, von denen du schon lange träumst: Fußball spielen, raufen, schwimmen, mit ihm zusammen die Welt (neu) entdecken. Und trotz aller Widrigkeiten: Dein Kind ist für dich das Wundervollste auf der Welt!

## Die harte Realität

Das bleibt auch so. Zumindest bis zur Pubertät. Natürlich freust du dich über den ersten Geburtstag deines Kindes! So viele Entwicklungsschritte, schlaflose Nächte und kleinere Katastrophen habt ihr gemeistert. Allerdings sind auch so viele Glücksmomente ebenfalls vorbei. Die Neugeborenenzeit mit ihrer kuscheligen Intimität und dem zarten Babygeruch. Der erste Zahn. Das erste Lachen. Der erste Schritt. Klar, dass sich da unter all die Freude auch ein bisschen Wehmut und Traurigkeit mischt.

## Deine Motivation

Wehmut und Trauer haben selbstverständlich genauso Platz in deinem Gefühlsleben wie Freude und Glück. Die wachsende Selbstständigkeit deines Babys bringt ganz neue Abenteuer mit sich und du darfst dich darauf freuen, deinem Kind dabei zur Seite zu stehen. Und außerdem: Vielleicht gibt es in deiner kleinen Familie ja auch noch Platz für ein Geschwisterchen. Schließlich weißt du ja jetzt, wie es geht.

## Deine Aktion

Der erste Geburtstag muss nicht gleich in eine Riesenparty ausarten (keine Sorge, das kommt noch früh genug). Trotzdem ist der Tag ein ganz besonderer, nicht nur für dein Kind, sondern vor allem für euch als Eltern. Dein Baby versteht zwar noch nicht den Sinn der Feier, aber es merkt auf alle Fälle, dass es im Mittelpunkt steht und mehrere Leute sich ganz besonders um es kümmern.

Und wenn dein Nachwuchs dann abends ermattet und zufrieden in seinem Bettchen liegt, dann gönne dir mit der Mama ein Gläschen Wein und eine Kuschelstunde. Vielleicht habt ihr Lust, zusammen den vorbildlich von dir ausgefüllten Abenteuer-Pass anzusehen? Lasst in Ruhe noch einmal das vergangene Jahr Revue passieren. Wie war das noch mal, dieser aufregende Tag vor einem Jahr? Weißt du noch, das erste Lächeln?

Feiert eure Liebe, und dass ihr zusammen das anstrengende und herausfordernde Babyjahr geschafft habt, und freut euch, dass ab jetzt alles – nein, nicht besser, nur anders wird.

## Highlight des Monats

______________________________

______________________________

______________________________

______________________________

## Zum Abschluss

Dieses Buch endet hier, nicht jedoch dein Abenteuer, ein Vater zu sein. Deshalb möchte ich dir noch ein Gedicht der deutschen Schauspielerin und Autorin Uschi Flacke mit auf den Weg geben.

## Kleine Hand in großer Hand

Kleine Hand in großer Hand
Kleiner Schritt bei kleinem Schritt
So gehen wir durch dieses Land
Gehst ein Stückchen mit mir mit.

Und du stellst mir tausend Fragen
Fragst nach Sonne, Mond und Wind
Fragst, ob Träume fliegen können
Warum Schnecken glitschig sind.

Fragst, ob älter werden weh tut
Warum ist ein Fisch so glatt
Und ob so ein Menschenleben
mehr als 100 Tage hat.

Ob die Haut beim Waschen eng wird
Ob man Liebe sehen kann
Und ob Frösche Eier legen
Warum gibt es Frau und Mann

Kleine Hand in großer Hand
Kleiner Schritt bei kleinem Schritt
So gehen wir durch dieses Land
Gehst ein Stückchen mit mir mit.

Was ist Liebe, was ist Leben
Warum wird ein Baum verpflanzt
Werd mitsorgen, dass du groß wirst
Und in Frieden leben kannst.

(Uschi Flacke)

Abenteuerpass

## Die Geburt:

Errechneter Geburtstermin:

______________________________

Tatsächlicher Geburtstag:

______________________________

## Wie es begann:

______________________________

______________________________

______________________________

______________________________

______________________________

## So war das Wetter:

______________________________

## Wie ich als Vater Babys Geburt empfand:

- ☐ schlimmer als erwartet
- ☐ besser als erwartet
- ☐ bombastisch
- ☐ Ich war nicht dabei
- ☐ Ich wurde ohnmächtig
- ☐ ____________________

## Besonderheiten:

______________________________

______________________________

______________________________

**Deine Challenge:**

## Hier ein Souvenir aus dem Krankenhaus einkleben:

(Nein, nicht die Nabelschnur. Vielleicht ein Blütenblatt aus dem Blumenstrauß, den du als vorbildlicher Vater der frisch gebackenen Mama natürlich mitgebracht hast!)

## Babyfoto

**vom ersten Tag**

## Der erste Monat

## war:

- [ ] Chaotisch
- [ ] Gemütlich
- [ ] Bombastisch
- [ ] Schlimmer als erwartet
- [ ] Besser als erwartet
- [ ] ____________________

## Die größte Herausforderung:

______________________________________

______________________________________

______________________________________

______________________________________

______________________________________

## Das schönste Erlebnis:

## Zeichne dich und dein Baby

## Deine Challenge:

Wenn du Gitarre spielst, weißt du wahrscheinlich, was ein Riff ist: eine kurze prägnante Abfolge von Noten (einer Melodie) mit einem hohen Wiedererkennungswert. Riffs gibt es aber nicht nur beim Gitarrenspiel, sondern generell in der Musik. Du musst jetzt nicht gerade das Pendant zu „Smoke on the Water“ kreieren. Eine kleine Melodie lässt sich auch pfeifen, summen oder singen. Spiele ein bisschen und erfinde für dein Baby und dich deinen ureigenen „Baby-Blues“.

## Babyfotos

vom ersten Monat

## Unser Familienleben pendelt sich langsam ein:

- [ ] Nach fünf Wochen
- [ ] Nach sechs Wochen
- [ ] Nach sieben Wochen
- [ ] Nach acht Wochen
- [ ] Kein Ende in Sicht
- [ ] ______________________

## Was noch immer so gar nicht funktioniert:

______________________

______________________

______________________

______________________

______________________

## Das schönste Erlebnis:

## Zeichne einen Wickelbody

**Deine Challenge:**

## Mache Yoga

Zum Beispiel diese Übung:
Aufgehender Mittelfinger in der Morgensonne
(geht auch bei Abendsonne oder Regen).
Setze dich gemütlich hin und balle deine Hand leicht zur Faust.
Dann atmest du tief durch und streckst langsam den Mittelfinger
nach oben. Meditiere dabei über die Menschen und
Ereignisse, denen dieser Gruß heute gelten soll.
Wiederhole die Übung nach Belieben.

**Babyfotos**

**vom zweiten Monat**

Der dritte Monat

## Meine Lieblingsaufgaben bei der Baby-Betreuung sind:

- [ ] Windeln wechseln
- [ ] Baden
- [ ] Spazieren gehen
- [ ] Nachts aufstehen und Schnuller suchen
- [ ] Fläschchen geben
- [ ] ____________________

## Am schlimmsten ist für mich:

______________________________

______________________________

______________________________

______________________________

______________________________

## Ganz gut zurecht komme ich mit:

## Zeichne einen Schnuller

## Deine Challenge:

1. Körperglied:

_ _ _

2. Wichtiges Utensil zur Beruhigung:

_ _ _ _ _ _ _ _ _

3. Babys erstes „Auto“:

_ _ _ _ _ _ _ _ _ _ _ _ _ _ _ _

4. Vor kurzem war der allererste

_ _ _ _ _ _ _ _ _ _

5. Mal draußen und mal drinnen (vor allem, wenn Baby lacht)

_ _ _ _ _ _ _ _ _ _ _ _

6. Bisher noch recht kahl

_ _ _ _

7. Deine Partnerin und du, ihr seid jetzt

_ _ _ _ _ _

Lösungswort: _ _ _ _ _ _ _

## Babyfotos

vom dritten Monat

Der vierte Monat

## Unser Lieblingsspiel:

- [ ] Bauch-Brr
- [ ] Kuckuck
- [ ] Kitzeln
- [ ] Fingerspiele
- [ ] Quatsch machen
- [ ] ____________________

## Was war das Gefährlichste (oder auch Ekligste), was dein Baby in den Mund genommen hat?

______________________________________

______________________________________

______________________________________

______________________________________

## Was war das Lustigste, was dein Baby in diesem Monat getan hat?

## Zeichne eine Windel

## Deine Challenge:

Was bedeutet der Name deines Babys für dich?
Nein, nicht Leonie, die Kämpferin, oder Theo, das Geschenk Gottes, also das Zeug, was in den Namenslisten steht. Ein bisschen kreativer soll es schon sein. Gib dem Namen deines Kindes deine eigene Bedeutung. Zum Beispiel von A wie abgöttisch geliebt bis Z wie zuckersüß. Wenn dir das lieber ist, geht auch Z wie zukünftiger Profifußballer. Lasse deiner Fantasie freien Lauf!

## Babyfotos

**vom vierten Monat**

## Überforderung kommt bei den besten Eltern vor. Was sind deine Maßnahmen, wenn du merkst, dass du die Geduld verlierst?

- [ ] Baby an einem sicheren Ort ablegen und kurz auf den Balkon gehen
- [ ] Tief durchatmen und bis zehn zählen
- [ ] Mit der Faust gegen die Wand schlagen
- [ ] Baby der Mutter in die Hand drücken und in die nächste Kneipe gehen
- [ ] ______________________

______________________

______________________

## Was hast du diesen Monat als Papa total vermasselt?

## Zeichne eine Grimasse

## Deine Challenge:

**Bring vom nächsten Spaziergang einen Stein mit. Er muss nicht groß sein, sollte aber im Aussehen mindestens dem entsprechen, welchen dein Sprössling bei dir im Brett hat. Du kannst den Stein auch als Handschmeichler bei dir in der Jackentasche verweilen lassen, damit du, wenn die Zeiten mal wieder schwierig sind, dich daran erinnerst, dass es so ist.**

**Babyfotos**

**vom fünften Monat**

Der sechste Monat

## Lieblingsbeikost deines Babys:

- [ ] Banane
- [ ] Getreide-Obstbrei
- [ ] Spinat
- [ ] Karottengemüse
- [ ] Milchbrei
- [ ] ______________________

## Am wenigsten mag dein Baby:

______________________

______________________

______________________

______________________

______________________

## Was hat dich als Papa angenehm überrascht beim Zufüttern?

## Was hat dich unangenehm überrascht?

## Deine Challenge:

Klebe hier das Etikett von Babys schlimmsten Albtraum auf. Und wenn du magst, ein Foto von seinem entsetzten Gesicht und/oder dem Essplatz daneben.

# Babyfotos

vom sechsten Monat

## Babys Lieblingsreime:

- ☐ Das ist der Daumen
- ☐ Himpelchen und Pimpelchen
- ☐ Zehn kleine Zappelmänner
- ☐ Hoppe, hoppe Reiter
- ☐ ______________________

## Babys Lieblingslieder:

- ☐ **Mein Papa ist der Champion** (von Stephen Janetzko) Kennst du nicht? Dann solltest du schnell danach googeln.
- ☐ La-Le-Lu
- ☐ What shall we do with the drunken sailor
- ☐ Highway to Hell
- ☐ ______________________

## Der schönste Moment:

## Zeichne einen Strampler

## Deine Challenge:

Da du ja bereits ein wenig Übung hast, zeichne, kritzele oder skizziere ein Bild von deinem Nachwuchs. Hier zählen die Geste und die Liebe, die du investierst. Vielleicht nimmst du ein Bild von der rechten Seite als Vorlage.

## Babyfotos

**vom siebten Monat**

## Baby fremdelt:

- [ ] Gar nicht
- [ ] Ein bisschen, aber nicht schlimm
- [ ] Ziemlich heftig
- [ ] Bei den Großeltern
- [ ] ______________________

## Welche Gefühle kannst du im Gesicht deines Babys erkennen?

- [ ] Angst
- [ ] Freude
- [ ] Wut
- [ ] Eifersucht
- [ ] ______________________

## Der schönste Moment:

## Zeichne einen Kinderwagen

## Deine Challenge:

Dein Baby hat Spaß am Grimassenschneiden, weshalb du ihm gerne den Gefallen tust. Vermutlich versucht es sogar, dich nachzuahmen. Klebe hier euer gemeinsames, schönstes Selfie mit der lustigsten Grimasse auf:

## Babyfotos

vom achten Monat

Der neunte Monat

## Schreibe drei Dinge auf, auf die du stolz bist:

1. ____________________

____________________

2. ____________________

____________________

3. ____________________

____________________

## Schreibe drei Dinge auf, für die du dankbar bist:

1. ____________________

____________________

2. ____________________

____________________

3. ____________________

____________________

## Was du deinem Kind unbedingt später mal beibringen willst:

- [ ] Fußballspielen
- [ ] Drachen steigen lassen
- [ ] Fahrradfahren
- [ ] Autofahren
- [ ] ______________________

## Zeichne ein Bobbycar

## Deine Challenge:

Weißt du noch, wie man einen Flieger, einen Dampfer oder Himmel und Hölle faltet? Besser, du lernst es schnell wieder, denn du wirst den Skill in Kürze häufig brauchen. Hier ist Platz für dein „Erstlingswerk“.

**Babyfotos**

**vom neunten Monat**

## So weit ist die motorische Entwicklung deines Kindes:

- [ ] Baby läuft selbstständig
- [ ] Baby läuft an der Hand
- [ ] Es zieht sich an Möbelstücken hoch
- [ ] Nichts von alledem, es hat seine ganze eigene Art, vorwärtszukommen, nämlich

___________________________

## Was ist das Coolste, das du deinem Baby beigebracht hast?

___________________________

___________________________

___________________________

___________________________

___________________________

## Was ist das Wichtigste, das du von ihm gelernt hast?

## Zeichne eine Sandburg

## Deine Challenge:

Stelle dir vor, ihr habt es geschafft und aus deinem hilflosen Baby ist ein junger Mann oder eine junge Frau geworden. Was würdest du dir als Antwort wünschen, wenn dein Nachwuchs gefragt wird, welcher Vater du warst?

________________________________________

________________________________________

________________________________________

________________________________________

________________________________________

________________________________________

(Tipp: Du willst diese Antwort gerne wissen, weshalb du deinem Sprössling die Frage sicherlich auch eines Tages stellen wirst, vielleicht sogar nach der Lektüre dieses Buches. Aber mache das frühestens in zwanzig Jahren – auf keinen Fall in vierzehn oder fünfzehn Jahren. Das Urteil könnte deprimierend ausfallen.)

## Babyfotos

vom zehnten Monat

Der elfte Monat

## Dein Baby spricht schon:

- ☐ Ja, seit dem ....................
- ☐ Nein
- ☐ Ja, aber es wird nur von Bewohnern seines eigenen Planeten verstanden

## Am liebsten unterhältst du dich mit deinem Nachwuchs über:

______________________________

______________________________

______________________________

______________________________

______________________________

## Murphy's Law: Welche Pannen sind dir bereits passiert?

- [ ] Du hast dein Baby kurz vor der Abfahrt zum Kinderarzt gewickelt. Kaum dort angekommen, war die Windel voll
- [ ] Dein Baby musste gerade dann, wenn es gewickelt wird und du bist (falls dein Baby ein Sohn ist) nicht rechtzeitig in Deckung gegangen
- [ ] Dein Baby hat gerade dann gespuckt, als du fertig für den Job angezogen warst und nur noch kurz „Tschüss" sagen wolltest
- [ ] ______________________________

______________________________

______________________________

## Deine Challenge:

Babys Kopfhaare sind nun lang genug, dass du ein wenig davon „stibitzen" kannst. Nimm etwas Tesafilm und klebe in die Mitte eine kleine Haarsträhne von deinem Nachwuchs auf. Rechts und links daneben machst du das Gleiche mit einer Haarsträhne von dir und einer von der Mama zum Vergleich.

## Babyfotos

vom elften Monat

Der zwölfte Monat

## Geschafft!

Dein Baby ist ein Jahr alt und du findest dich in deiner Vaterrolle inzwischen vermutlich gut zurecht.

## Die vergangenen zwölf Monate waren für dich:

- [ ] **Überwältigend**
- [ ] **Grauenvoll**
- [ ] **Anstrengend, aber fantastisch**
- [ ] **Anstrengend, aber überwiegend positiv**
- [ ] **Nicht schlimmer als ein ganz normales Jahr ohne Baby auch**
- [ ] **Vor allem rasend schnell vorbei**
- [ ] ______________________

## Welches war der schönste Moment, an den du dich erinnerst?

## Welches war der schlimmste Moment, an den du dich erinnerst?

## Deine Challenge:

Was würdest du, mit dem Wissen von heute, in den vergangenen zwölf Monaten anders machen?

________________________________________

________________________________________

________________________________________

Welchen Tipp würdest du deinem Kind, wenn es selbst einmal Mutter/Vater wird, mit auf den Weg geben?

________________________________________

________________________________________

________________________________________

Denke daran: Vater zu sein, ist ein Geschenk!
Du wirst/kannst/darfst für deine Tochter oder deinen Soh
der Mann sein, der ihr/sein Männerbild für die Zukunft prägt.

**Viel Spaß und Erfolg dir und deiner Familie auf eurem weiteren Weg in viele neue und spannende Abenteuer!**

## Babyfotos

vom zwölften Monat

# Familienfotos

# Erinnerungen

Hier ist Platz für Erinnerungen, wie z.B. die Eintrittskarte des ersten Zoobesuchs

# Impressum

## Haftungsausschluss

Die Umsetzung aller enthaltenen Informationen, Anleitungen und Strategien dieses Buchs erfolgt auf eigenes Risiko. Für etwaige Schäden jeglicher Art kann der Autor aus keinem Rechtsgrund eine Haftung übernehmen. Für Schäden materieller oder ideeller Art, die durch die Nutzung oder Nichtnutzung der Informationen bzw. durch die Nutzung fehlerhafter und/oder unvollständiger Informationen verursacht wurden, sind Haftungsansprüche gegen den Autor grundsätzlich ausgeschlossen. Ausgeschlossen sind daher auch jegliche Rechts- und Schadensersatzansprüche. Dieses Werk wurde mit größter Sorgfalt nach bestem Wissen und Gewissen erarbeitet und niedergeschrieben. Für die Aktualität, Vollständigkeit und Qualität der Informationen übernimmt der Autor jedoch keinerlei Gewähr. Auch können Druckfehler und Falschinformationen nicht vollständig ausgeschlossen werden. Die Bilder stammen von der Homepage www.pixabay.com und es handelt sich um lizenzfreie Fotos. Für fehlerhafte Angaben vom Autor kann keine juristische Verantwortung sowie Haftung in irgendeiner Form übernommen werden.

## Urheberrecht



## Impressum


1. Auflage


Kontakt: Belinda Derflinger, Auergütlweg 10, 4030 Linz, Österreich
Kontaktaufnahme: rbm.publishing@gmx.at